말씀의 손 예화

네비게이토 선교회는
국제적이며 복음적인 기독교 기관이다.
예수 그리스도께서는 자기를 따르는 자들에게
"너희는 가서 모든 족속으로 제자를 삼으라"
(마태복음 28:19)는 지상사명을 주셨다.
네비게이토 선교회는 세계 모든 국가에서
예수 그리스도의 일꾼들을 배가시켜
이 지상사명을 성취하는 일을 돕는 것을
근본 목표로 하고 있다.

네비게이토 출판사는
네비게이토 선교회의 문서 선교를 담당하고 있다.
본 출판사에서는 그리스도인의 영적 성장을 돕는
서적과 자료들을 출판하여,
그리스도인의 삶의 기초가 견고한
헌신된 제자로 성장하고,
나아가 성숙한 인격과 지도력을 갖춘
일꾼이 되도록 돕고 있다.

말씀의 손 예화

네비게이토 선교회

TO KNOW CHRIST AND TO MAKE HIM KNOWN

차 례

머리말
하나님의 말씀을 어떻게 섭취할 것인가? ········· 7

듣기
하나님의 말씀을 어떻게 들을 것인가? ············ 13

읽기
효과적이고 즐거운 성경 읽기를 위한 지침 ······ 21

공부
스스로의 탐구: 효과적인 성경 공부의 열쇠 ····· 33

암송
성경 암송은 당신의 삶을 변화시킨다 ············ 43

묵상
성서적인 묵상을 위한 실제적인 방법 ············ 53

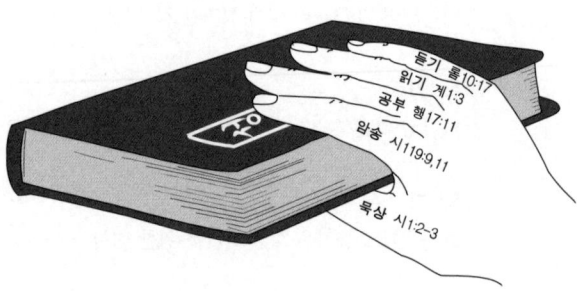

머리말

하나님의 말씀을 어떻게 섭취할 것인가?

당신의 성경은 책장에 꽂힌 채 먼지만 쌓이는 하나의 장식물입니까, 아니면 늘 손 가까이에 두고 보는 실제적이고 유용한 책입니까?

당신은 성경을 통하여 하나님을 더욱 깊이 알아나가고, 생각이 변화되며, 마음이 뜨거워지고, 활기찬 삶을 살며, 또한 하나님의 뜻을 깨닫고 싶지 않으십니까? 당신은 성경 말씀이 믿음과 빛과 생명의 근원이라는 사실을 알고 있습니까?

어떻게 하면 하나님을 기쁘시게 하고, 그분의 명령에 순종하며, 그분의 인도를 받을 수 있는가를 배우고 싶지 않으십니까?

바로 그렇게 하는 데 도움이 되는 실제적인 방법

을 보여 주는 예화가 하나 있습니다. 말씀의 손 예화에서 네 손가락은 하나님의 말씀을 마음속에 간직하는 네 가지의 기본적인 방법, 즉 듣기, 읽기, 공부, 암송을 보여 주고 있습니다. 이 예화에서 엄지손가락에 해당되는 묵상은 성경의 가르침들을 일상생활에 실제적으로 적용하는 데 도움을 줍니다.

이 예화의 목적은 단순히 '성경 지식'을 늘리는 방법을 보여 주는 데 있지 않습니다. 이 예화는 하나님의 말씀을 정기적으로 섭취할 뿐만 아니라, 그것을 당신 자신의 삶과 가정과 처한 모든 환경 가운데서 개인적으로 적용하고자 하는 동기를 주기 위하여 만들어졌습니다.

하나님의 말씀을 일상생활에서 개인의 필요에 따라 적용할 수 있는 이 실제적인 기술은 그리스도인들로 하여금 개인적으로 성경을 배워 적용할 수 있도록 돕기 위한 유용한 방법을 끊임없이 찾고 연구한 결실입니다.

네비게이토 선교회의 국제 회장이었던 론 쎄니는 "성경 말씀의 권위는 그 권위 자체가 우리의 믿음과 순종을 요구한다"고 말했습니다. 듣기, 읽기, 공부, 암송, 묵상은 성경 말씀을 믿고 그 말씀대로 순종하기를 원하는 사람들이라면 반드시 실행하여야 할 내용입니다.

수레바퀴 예화에서 효과적인 그리스도인의 삶을 위한 기본적인 네 개의 살 가운데 하나가 하나님의 말씀입니다. 말씀의 손 예화는 그 하나님의 말씀을 어떻게 하면 균형 있게 섭취할 수 있는가를 확대하여 보여 주고 있습니다. 성경 말씀을 섭취하는 이 다섯 가지 방법은 하나하나가 다 중요합니다.

❖ 듣 기

경건한 영적 지도자들이 가르치는 하나님의 말씀은 그들이 공부한 내용입니다. 우리는 그 말씀을 들을 때 깨달음을 얻고, 우리 자신도 스스로 성경을 공부해 보고자 하는 의욕이 생깁니다(로마서 10:17, 누가복음 11:28).

❖ 읽 기

성경 읽기를 통하여 우리는 하나님의 말씀에 대한 전체적인 시야를 갖게 됩니다(요한계시록 1:3, 신명기 17:18-19).

❖ 공 부

성경 공부를 통하여 우리 각자는 성경에 들어 있는 진리들을 찾아냅니다. 이와 같은 스스로의 연구를 통하여 성경의 한 부분을 확대하여 자세히 살펴볼 수 있습니다(사도행전 17:11, 디모데후서 2:15).

❖ 암 송

하나님의 말씀은 곧 성령의 검입니다. 우리는 암송한 말씀들을 사용하여 사탄을 대적하고 유혹을 이길 수 있습니다. 암송한 말씀들은 전도를 할 때나 다른 사람들을 도울 때 '때에 맞게' 사용할 수 있습니다(시편 119:9,11, 신명기 6:6).

❖ 묵 상

묵상은 엄지손가락에 해당됩니다. 이것은 위의 각각의 방법들과 합하여 사용할 수 있습니다. 하나님의 말씀을 묵상할 때, 즉 그 의미와 우리 삶 가운데서의 적용을 생각할 때, 그 말씀이 우리 안에서 역사하여 우리를 변화시키는 놀라운 능력을 가지고 있음을 알게 됩니다(시편 1:2-3, 여호수아 1:8).

하나님의 말씀을 섭취하고 소화시키는 이 다섯 가지의 방법은 각각 성경에서 권면할 뿐만 아니라 명령하고 있는 것입니다. 이것들은 각각 균형 잡힌 그리스도인의 삶을 위하여 중요한 역할을 감당하는 필수적인 요소들입니다.

아무것도 하나님의 택하신 종들이 전하는 말씀을 듣고 가르침받는 것을 대신할 수 없습니다. 꾸준한 성경 읽기를 대신할 만한 것도 없습니다. 그것은 우리들에게 성경에 대한 전체적인 개요를 알게 해줍니다. 주의 깊은 성경 공부를 대신할 만한 것도 없습니다. 이것은 성경의 한 부분에 대하여 다른 구절들을 참조하면서 질문을 해보고, 비교해 보고, 분석해 보는 것입니다.

하나님의 말씀을 마음속에 간직하는 데 대해서도 성경은 밝히 보여 주고 있습니다. 하나님의 말씀을 마음속에 간직하라는 명령이 구약성경 전체에 나오며, 신약성경에서도 예수님과 사도들이 암송한 말씀을 인용하고 있는 것을 볼 수 있습니다.

듣기, 읽기, 공부, 암송을 할 때는 묵상도 함께 하면 가장 큰 유익을 얻을 수 있습니다.

"모든 성경은 하나님의 감동으로 된 것으로, 교훈과 책망과 바르게 함과 의로 교육하기에 유익하니, 이는 하나님의 사람으로 온전케 하며, 모든 선한 일을 행하기에 온전케 하려 함이니라"(디모데후서 3:16-17).

하나님의 말씀을 질적으로 양적으로 깊이 있고 풍성하게 섭취하는 일에 진보를 바란다면 말씀의 손 예화를 따르십시오. 선포되는 말씀을 듣고, 기록된 하나님의 말씀을 읽고, 다양한 방법으로 그것을 공부하고, 암송하여 마음 판에 새기며, 또한 그것을 묵상하여 하나님의 말씀을 견고하게 붙잡으십시오.

듣기

**하나님의 말씀을
어떻게 들을 것인가?**

"**땅**이여, 땅이여, 땅이여, 여호와의 말을 들을지니라"(예레미야 22:29). 이 말씀은 모든 성경 말씀 가운데서도 가장 무게 있는 경고의 하나입니다. 일생 동안 수많은 소리를 듣게 되어 있지만, 하나님의 말씀을 듣는 것보다 더 중요한 것은 없습니다.

모세는 하나님의 입에서 직접 흘러나오는 말씀을 들었습니다. 그 후 오랜 세월에 걸쳐 하나님께서는 선지자들을 일으켜 세우셔서 담대히 하나님의 말씀을 선포하게 하셨습니다. 훨씬 이후에야 선포된 말씀들이 기록되었고, 이로써 하나님의 말씀을 듣는 또 다른 방법, 즉 기록된 말씀을 읽는 것이 가능해졌습니다.

말씀을 듣는 이러한 방법에 대해서는 느헤미야 8:8에 잘 설명되어 있습니다. "하나님의 율법책을 낭독하고 그 뜻을 해석하여 백성으로 그 낭독하는 것을 다 깨닫게 하매."

오늘날 우리는 대부분 설교와 가르침을 통하여 말씀을 듣습니다. 디모데후서 4:2에서 바울은 디모데에게 "너는 말씀을 전파하라. 때를 얻든지 못 얻든지 항상 힘쓰라. 범사에 오래 참음과 가르침으로 경책하며 경계하며 권하라"고 가르치고 있으며, 나아가서 디모데후서 2:24에서는 이렇게 명령하고 있습니다. "마땅히 주의 종은 다투지 아니하고, 모든 사람을 대하여 온유하며, 가르치기를 잘하며, 참으며." 하나님의 말씀을 잘 가르치라고 했습니다. 그러므로 우리는 또한 주의 종들이 하나님의 말씀을 선포하고 가르칠 때 그것을 들으라는 명령도 받았습니다.

성경에는 우리가 하나님의 말씀을 들을 때 얻게 되는 몇 가지 유익이 기록되어 있습니다. 이를테면 요한계시록 1:3에는 하나님의 말씀을 듣는 자는 복이 있다, 즉 행복하게 될 것이라고 했습니다. 사도행전 20:32에는 우리가 세움을 받을 것이라고 했고,

로마서 10:17에는 말씀을 들을 때 그 결과 믿음이 생긴다고 말하고 있습니다.

사도행전 20:28에서 하나님의 일꾼은 양무리를 치라는 명령, 즉 하나님의 백성을 하나님의 말씀으로 먹이라는 명령을 받았습니다. 이 구절 가운데는 건강한 그리스도인이 되기 위해서는 하나님의 말씀을 먹어야 한다는 뜻이 들어 있습니다. 지역 교회에서는 말씀을 풀어 들려줌으로써 모든 교인들에게 정기적으로 그것을 섭취할 기회를 줍니다.

현 시대의 그리스도인들은 라디오, TV, 인터넷, 각종 오디오 같은 매체를 통해, 하나님으로부터 말씀의 은사를 받은 일꾼들이 전하는 말씀을 들을 수 있는, 일찍이 없었던 기회를 누리고 있습니다. 생존해 있거나 주님께로 돌아간 탁월한 하나님의 일꾼들의 설교나 가르침을 녹음한 테이프가 얼마든지 있어서 들을 마음만 있으면 언제라도 들을 수 있습니다. 그뿐만 아니라 선교를 목적으로 세계 도처에 세워져 있는 수많은 라디오 방송국에서는 대부분의 정규 방송 시간을 통하여 하나님의 말씀을 전파하고 있습니다. 당신은 하나님의 말씀을 들을 수 있는 좋은 기회들을 이용하고 있습니까?

나는 카세트 녹음기를 가지고 다니면서 내가 직접 만나서 말씀을 들을 수는 없었던 훌륭한 주님의 사람들이 전하는 메시지들을 들을 수 있었습니다. 누구든 원하기만 한다면 언제 어디서라도 이 방법을 사용하여 하나님의 말씀을 조직적으로 들을 수 있습니다.

말씀을 들으라는 명령은 분명하고, 또한 그 결과는 영원한 가치를 지니고 있습니다. 그러므로 말씀을 듣는 이 방법을 사용하여 풍성한 축복을 얻고, 주님 안에 뿌리를 박고 세움을 입으며, 우리의 믿음을 튼튼하게 합시다.

우리의 마음과 생각이 준비되어 있으면 하나님의 말씀을 듣고 더 큰 유익을 얻을 수 있습니다. 말씀을 듣기 전에 해야 할 가장 중요한 일 중 하나는 우리가 말씀을 들을 때 성령께서 우리의 마음과 생각에 깨달음을 주시도록 기도하는 것입니다.

사도행전 13:7을 보면 로마 총독은 **준비된 마음**으로 말씀을 들었고, 사도행전 17:11을 보면 베뢰아 사람들은 간절한 마음으로 말씀을 들었습니다. 누가복음 19:48에는 백성이 귀를 기울여 그리스도께서 하시는 말씀을 들었습니다. 누가복음 8:21과 야고보서 1:22에서는 순종하려는 마음을 가지고 말씀을 들으라고 가르치고 있습니다.

설교는 성경의 진리들이 듣는 사람들의 마음에 와 닿도록 정성을 다하여 잘 준비해야 합니다. 사려 깊은 설교자는 자신의 생각을 잘 정리하여 전함으로써, 듣는 자들이 주님께서 설교자에게 주신 메시지를 마음과 생각으로 잘 소화하여 재구성할 수 있게 해주어야 합니다.

수년 전 런던 다리를 미국 애리조나로 옮겼는데, 다리를 헐 때 돌 한 개 한 개를 차례차례 조심스럽게 내려서 미국으로 운반하여 그것을 역순으로 차례차례 쌓아 올림으로써 원형과 똑같게 세웠습니다. 설교자는 자신이 준비한 것들을 한 가지 한 가지 헐어서 청중들에게 전해 줄 때 청중들이 그것들을 하나하나 받아서 설교자가 처음에 의도한 내용을 재구성할 수 있도록 해주어야 합니다.

듣는 일에 있어서 한 가지 문제점은 보통 설교자는 분당 약 125단어 꼴로 말한다는 것입니다. 우리의 머리는 분당 약 1,000단어 이상을 들을 능력이 있다고 추정됩니다. 그렇다면 메시지를 듣는 일에 집중해야 할 정신적 에너지의 90%는 동원하지 못하고 남아 있다는 결론이 나옵니다.

이것까지도 다 동원할 수 있는 한 가지 좋은 방법은 기록을 하는 것입니다. 또 한 가지 방법은 설교자보다 한 걸음 앞서 생각하고 다음에는 설교자가 실제로 하는 말을 들어 보는 것입니다. 계속해서 생각을 앞뒤로 왔다 갔다 하면서 설교자가 한 말과, 지금 하고 있는 말과, 앞으로 무슨 말을 할 것인가를 끊임없이 생각하면서 듣는 방법입니다.

설교자의 몸짓과 표정에 주목하고 어조에 주의하는 것도 중요합니다. 그런 것들은 그가 어떤 것을 강하게 느끼고 있으며 어떤 것을 강조하고 있는가를 나타냅니다. 말씀에 우리의 주의를 집중하는 데 사용할 수 있는 기술이라면 어떤 것이든 말씀을 듣고, 마음과 생각을 살찌우는 데 도움이 되며, 또한 설교자에게도 도움을 줍니다.

당신은 하나님의 말씀을 듣고 있습니까? "들을 귀 있는 자는 들을지어다"라고 그리스도께서 누가복음

8:8에서 하신 초대에 주의를 기울이는 것이야말로 우리의 들을 수 있는 능력을 가장 잘 사용하는 길입니다.

그러므로
믿음은
들음에서 나며
들음은
그리스도의
말씀으로
말미암았느니라.
(로마서 10:17)

읽기

**효과적이고 즐거운
성경 읽기를 위한 지침**

성경 읽기는 누구나 즐겁게 할 수 있고, 이를 통하여 생에 변화를 경험할 수 있습니다. 많은 사람들은 성경을 이해하기 어려운 신학 교과서로 잘못 생각하고 있습니다. 그러나 실상 성경 말씀을 이해하고 적용하는 데는 헬라어와 히브리어를 알아야 하는 것도 아니요, 어떤 특별한 학문적 바탕이 필요한 것도 아닙니다.

당신은 성경을 읽음으로써 즐거움과 새로운 힘을 얻을 수 있습니다. 이런 목적으로 성경 읽는 법을 배울 때, 하나님과의 교제에 대한 새로운 동기를 얻고 인생에 대한 보다 넓은 성서적 시야를 발견하게 될 것입니다. 성경을 즐길 수 있는 비결은 단순히 그것을 접하는 방법에 달려 있습니다.

일례로 내가 인도했던 성경 공부 그룹에서 함께 공부했던 짐 형제를 생각해 볼 수 있습니다. 매주 공부해 온 내용을 발표하고 함께 토의하는 시간에 짐은 말없이 앉아만 있었습니다. 그 태도를 보면서 그는 성경 말씀을 즐기지 않고 있다는 생각이 들었습니다.

그래서 나는 일주일에 두 번씩 짐을 만나서 함께 내 차 안에서 번갈아 가며 성경을 소리 내어 읽었습니다. 한 장(章) 한 장 읽고 나서는 하나님께 기도했습니다.

얼마 가지 않아 성경 말씀은 짐에게 역사하기 시작했습니다. 그에게는 성경 공부보다 오히려 성경 읽기가 하나님의 말씀에 대해 더 새로운 맛을 느끼게 해주었던 것입니다. 성경 공부와 성경 읽기는 어떤 차이가 있습니까?

성경 읽기는 성경 공부와는 다른 자세가 요구됩니다. 성경 읽기의 목표는 즐거움과 새로운 힘을 얻는 데 있고, 성경 공부의 목표는 확신을 높이고 구체적인 적용을 하는 데 있습니다.

새로운 힘을 얻기 위해 성경을 읽을 때, 나는 스스로 "이 구절들에서 내가 좋아하는 것은 무엇인가?"라고 묻습니다. 성경 공부를 할 때는 "내가 여기서 배울 것은 무엇인가?"로 바뀝니다. 성경 읽기는 성경 전체에 대한 포괄적이고 일반적인 접근 방법을 취하기 때문에 마치 카메라의 광각렌즈로 보는 것과 같습니다. 성경 공부는 한 장의 세부 사항 또는 몇 구절에 초점을 맞추고 그것들을 깊이 공부하는 것이므로 접사렌즈로 보는 것과 같습니다.

수년 동안 우리 부부는 다른 부부들을 대상으로 제자삼는 사역을 해왔습니다. 그동안 우리는 어떻게 하면 그들로 하여금 일상생활 가운데서 하나님의 말씀을 귀히 여기고 가까이하도록 동기를 줄 수 있을까 애써 왔습니다. 그 결과 우리는 그들에게 성경을 읽게 하는 것이 가장 효과적인 방법의 하나라는 결론을 내렸습니다. 성경 읽기는 영적으로 어린 그리스도인들이 처음으로 제자의 길을 걷는 데 특히 도움이 되는 것입니다.

"내가 주의 말씀을 얻어먹었사오니, 주의 말씀은 내게 기쁨과 내 마음의 즐거움이오나"(예레미야

15:16). 어느 누구든지 성경 읽기를 통하여 예레미야가 누린 것과 같은 즐거움을 누릴 수 있습니다.

성경 읽기는 스스로의 성서 탐구를 촉진한다

성경 읽기가 어떻게 그처럼 효과적인 방법이 될 수 있습니까? 어느 누구나 하나님의 말씀을 즐길 수 있도록 하는 데 도움이 되는 습관과 요령을 몇 가지 소개합니다.

성경 읽기에는 두 가지 방법이 있습니다. 첫째는 성경을 한 장 한 장 읽고 대화하는 식으로 하나님께 기도하는 것입니다. 이것은 성경을 읽으면서 혹은 방금 읽은 말씀을 생각하면서 할 수 있습니다. 성경을 읽고 기도로 하나님께 응답하는 것은 매일 매일 알차고 친밀한 경건의 시간을 가질 수 있는 비결입니다. 두 번째 방법에 대해서는 뒷부분에서 다루기로 하겠습니다.

성경 읽기를 처음으로 시작할 때는 풀어 쓴 성경이나 현대어로 번역한 성경이 좋습니다. 표시를 많이 해도 괜찮은 싸고 질긴 성경을 택하십시오.

읽으면서 표시를 해두면 그것을 가지고 기도할 때

도 도움이 되고, 만약 몇 사람과 함께 이 방법으로 성경을 읽고 나누기로 하였다면 그 시간에 필요한 구절들을 찾기도 쉽습니다. 표시를 하는 데도 많은 방법이 있겠지만 자기에게 알맞은 방법을 택하여 사용하면 됩니다.

나는 주제가 되는 구절이나 중요한 단어에는 괄호를 칩니다. 반복되는 단어나 구절 주위에는 동그라미를 합니다. 많은 사람들이 여백에는 주를 달거나 설명을 적고, 중요한 구절들에는 밑줄을 칩니다.

표시를 하는 또 하나의 좋은 방법은 서로 다른 색깔로 밑줄을 긋는 것입니다. 이런 용도로 개발된 형광펜들은 글자 위에 색을 칠해도 글자가 환하게 보이기 때문에 대단히 편리합니다.

오늘날 우리 그리스도인들은 유감스럽게도 다른 사람들이 전해 주는 설교 말씀을 듣는 일에만 점점 익숙해지고 있습니다. 스스로 성경을 탐구하여 진리들을 캐내는 내신에 다른 사람들이 그들의 성경 읽기나 공부를 통하여 찾아낸 것들에 지나치게 의존하는 경향이 있습니다.

경험이 많은 성경 교사들이 하나님의 말씀을 연

구하여 찾아낸 내용들을 듣는 것도 물론 도움이 되지만, 그것에만 의존하다 보면 하나님과의 개인 교제에 등한해지기 쉽고, 성경의 진리를 스스로 찾아내려고 하는 대신 남이 발견한 것들에 매달리기 쉬워집니다.

기도할 때도 가끔 이처럼 실수를 범합니다. 많은 사람들은 미리 세워진 읽기 계획표에 따라 경건의 시간 중에 정해진 분량을 금방 읽어 버리고 나서, 하나님께서 그 말씀들을 통하여 무엇을 알려 주고 계시는가에 대해서 하나님께 기도해 보지도 않고 서둘러 기도 노트를 꺼내 듭니다.

우리가 이 글에서 이야기한 첫 번째 종류의 읽기는 이 방법이 주님과의 친밀하고 개인적인 대화를 위한 발판이 될 때에 삶을 변화시키는 결과를 가져옵니다. 우리는 말씀을 읽으면서 주님과 대화를 나눌 수 있습니다. 그렇게 되면 우리의 기도는 그분이 우리에게 해주신 말씀에 기초를 두게 되며, 우리가 그분께 아뢰고 싶은 것에만 기초를 두는 위험을 막을 수 있습니다.

이 방법을 어느 모임에서 소개한 적이 있었습니다.

거기 참석했던 한 부인은 6년간이나 매일같이 충실하게 경건의 시간을 가져 왔지만 성경을 읽으며 대화식으로 기도를 시작하기 전까지는 그 시간이 별로 큰 의미를 준 적이 없다고 말했습니다. 몇 주 후 우리는 그녀와 그 남편으로부터 감사 편지를 받았습니다. 그들은 이 방법이 그리스도와의 교제에 획기적인 큰 변화를 주었다고 기뻐했습니다.

이 방법은 개인의 경건의 삶에도 대단히 효과적이지만, 또 한편으로 읽은 내용에 대하여 소그룹에서 다른 사람들과 함께 토의를 할 때에도 큰 활력을 불어넣어 줍니다. 다양한 각도에서 관찰한 것들과 생각한 것들을 서로 나누면 서로에게 격려가 되고 참신한 맛을 더해 줍니다.

그렇다고 해서 성경의 모든 책들과 장들이 다 동일한 재미를 줄 것으로 기대하지는 마십시오. 흥미가 더 많은 부분들도 있고 그렇지 못한 것들도 있습니다. 이 방법을 통해서 얻게 되는 것도 다양합니다. 대부분의 사람들에게 시편 49편은 로마서 12장만큼은 흥미롭지 못할 수도 있습니다. 그 결과는 사람마다 서로 다를 것입니다.

그리스도를 갓 믿은 사람은 처음에는 이와 같은 성경 읽기 방법을 통하여 하나님의 말씀에 대한 식욕을 높일 수 있습니다. 4, 5개월이 지나면 좀 더 조직적인 방법으로 성경 공부를 할 수 있을 정도가 될 것입니다. 이런 읽기 프로그램이나 그룹에 참여하여 어느 정도 유익을 얻은 후에 성경 공부를 시작하는 사람들은 새로운 마음으로 성경 공부에 임할 수 있습니다.

성경 읽기를 통하여 스스로 진리를 찾아낸 경험이 있기 때문에 그들은 자연히 성경 공부를 할 때에도 유사한 발견을 할 것이라고 기대하게 될 것입니다. 개인적인 경험을 통하여 그들은 성서 탐구가 보상을 가져다준다는 사실을 알게 됩니다.

보다 집중적인 성경 읽기

성경 읽기의 두 번째 방법은 보다 집중적으로 읽는 것인데, 이따금 이것을 시도해 보는 것도 좋습니다. 이러한 집중적인 읽기 방법의 목적은 성경의 어떤 장이나 책의 내용에 흠뻑 젖어 드는 데 있습니다. 예를 들면, 나는 최근 2주일간 하루도 빼지 않고 하루에 한 번씩 히브리서 전체를 다 읽었습니다.

이 방법을 시도해 보기로 했다면 어느 한 권을 택하여 그 책으로부터 즐거움과 새 힘을 얻을 것을 기대하며 읽기 시작하십시오. 도중에 멈추어 다른 일을 하다가 다시 읽는 식으로 하면 안 됩니다. 중간부터 시작해서도 안 되고, 반드시 첫 장부터 시작하되 처음부터 끝까지 앉은 자리에서 철저히 다 통독해야 합니다. 그 일에 필요한 조건이 한 가지 더 있다면 미리 시간을 충분히 확보해 두어야 한다는 점입니다.

잭 미첼 박사가 우리 간사 수양회에서 창세기를 가지고 일련의 말씀을 전한 적이 있습니다. 그는 성경의 어느 책이든지 30회 이상을 반복해서 읽지 않고는 절대로 그 책을 강의하지 않는다고 말하면서, 메시지를 시작하기 전에 참석자들에게 그 메시지를 듣기 위한 준비로 한자리에서 창세기를 처음부터 끝까지 통독해 두라고 말했습니다. 그렇게 하는 데는 내 경우 세 시간 반이나 걸렸습니다!

다행히 신약의 많은 책들은 훨씬 더 적은 시간을 들여도 통독이 가능합니다.

한 권이나 한 장을 택하여 작정한 횟수만큼 되풀이하여 직접 읽어 보십시오. 의문이 생겨도 사전이나 성구 사전 또는 성경 주석에서 답을 찾지 말고 계속 읽으십시오. 답을 찾아 아는 것이 한자리에서 처음부터 끝까지 반복하여 읽는 목적은 아닙니다. 이런 방법으로 성경을 읽을 때는 그 책의 내용에 대한 개관, 주요 주제, 중요 사건들, 그리고 그 책의 분위기와 느낌을 파악하는 데 집중해야 합니다. 어느 한 장에 집중할 때에는 그 장에 들어 있는 진리에 마음과 생각을 다 쏟아야 합니다.

집중적인 성경 읽기에는 또 다른 유익들도 있습니다. 그 한 가지는 집중적인 성경 읽기를 통해 개인 성경 공부를 위한 보다 깊은 준비를 할 수 있다는 것입니다. 집중적으로 성경을 읽으면 참신한 아이디어와 통찰력을 얻게 되는 것 외에도 참조 사항에 대한 자료도 얻을 수 있습니다. 뿐만 아니라 주제별 성경 공부를 위한 자료들도 모을 수 있습니다.

믿음의 용장으로 알려진 조지 뮐러는 19세기에 영국에서 고아원을 처음으로 세웠으며, 하나님의 말씀을 사랑한 사람이었습니다. 그는 이런 말을 했습니다. "내가 계속 행복을 유지하며 지속적으로 주님을 섬길 수 있었던 한 가지 주된 이유는 계속 성경 말씀을 사랑해 온 데 있습니다. 나는 성경을 기도하는 마음으로 일 년에 네 번 통독하고, 그것을 적용하며, 거기서 발견한 것들을 실천해 왔습니다. 지금까지 69년간 나는 늘 행복한 사람으로 지내 왔습니다." 하나님의 말씀을 읽어서 부요하고 변화받는 삶의 축복을 누리십시오.

이 예언의 말씀을
읽는 자와
듣는 자들과
그 가운데 기록한 것을
지키는 자들이
복이 있나니
때가 가까움이라.
(요한계시록 1:3)

공 부

스스로의 탐구 :
효과적인 성경 공부의 열쇠

어느 날 나는 전차를 타고 가면서 암송하고 있던 시편 19편 말씀 가운데서 몇 구절을 복습했습니다. 시편 19편의 내용을 생각하다가 나는 하나님의 말씀이야말로 정말 귀한 보물임을 새삼 깨달았습니다.

시편 19편 말씀과 같이 하나님의 계명은 '금 곧 많은 정금보다 더 사모할 것'입니다. 이 말씀 앞에 나오는 구절들은 하나님의 말씀이 영혼을 소성케 하고, 우둔한 자로 지혜롭게 하며, 또한 마음을 기쁘게 한다고 했습니다.

사람들은 한때 금을 찾아서 포장마차를 타고 멀고 먼 길을 여행하며 큰 고생을 하기도 했습니다. 시편 19편의 저자인 다윗에게는 하나님의 말씀이 그런 금보다도 더 귀했습니다. 아무리 성경이 우리 손 가까이에 있어도 그것을 주의 깊게 공부하는 사람만이 그 안에 들어 있는 보물들을 찾아낼 수 있습니다. 어쩌다가 한 번씩 말씀을 대해 봐야 그 보물을 결코 소유할 수 없습니다. 성경을 읽는 것만으로는 부족합니다. 우리는 그것을 공부해야 합니다.

성경 공부를 위한 가장 좋은 준비는 올바른 태도를 갖는 것입니다. 잠언 2:1-5은 올바른 태도가 어떤 것인가를 몇 가지 보여 줍니다. 2절은 우리에게 "네 귀를 지혜에 기울이며, 네 마음을 명철에 두라"고 말씀하고 있습니다.

우리가 일단 성경에 익숙하게 되면 배우고자 하는 이러한 마음을 잃어버리기 쉽습니다. 또한 우리는 교리와 방법에 지나치게 얽매여서 성경에 있는 모든 구절들을 우리가 가지고 있는 편견이라는 현미경을 통하여 바라보기 쉽습니다.

우리는 그렇게 하지 말고 계속 열린 마음으로 성경을 대하도록 힘써야 합니다. 우리는 성경의 모든 말씀을 정확하게 다 이해할 수는 없습니다. 나는 성경에서 우리가 좋아하는 교리들과 맞지 않는 구절들도 알아 두는 것이 유익이 된다고 믿습니다. 이런 구절들은 우리를 계속해서 지적으로 정직하고 영적으로 겸손하게 만들 것입니다.

우리에게는 또한 기도하는 마음이 필요합니다. 잠언 2:3은 우리에게 "지식을 불러 구하며 명철을 얻으려고 소리를 높이라"고 격려하고 있습니다. 시편 119편에서 시편 기자는 자기의 눈을 뜨게 해주셔서 주의 법의 기이한 것을 보게 해달라고 기도했습니다(18절). 성령께서는 또한 우리로 하여금 하나님의 말씀을 깨달을 수 있도록 도와주십니다(고린도전서 2:12). 성경 말씀을 쓰신 분이 바로 성령이시므로(베드로후서 1:21), 성령께서 그 말씀들을 가장 잘 풀어 깨닫게 해주시는 것입니다.

배우고자 하는 자세 및 기도하는 마음과 더불어 우리에게는 또한 부지런한 태도가 있어야 합니다. 잠언 2:4-5에는 "은을 구하는 것같이 그것을 구하며 감추인 보배를 찾는 것같이 그것을 찾으면, 여호와 경외하기를 깨달으며 하나님을 알게 된다"고 말해 주고 있습니다. 성경 공부는 수고를 요하지만 그것은 들인 시간과 노력만큼의 보상을 언제나 가져다주는 것입니다.

성경 읽기와 성경 공부의 한 가지 차이점은 그 집중력이 서로 다르다는 것입니다. 예를 들어 5분 내지 10분이면 성경 한 장을 쉽게 읽을 수 있지만, 같은 장을 공부하는 데는 여러 시간이 소요될 수도 있습니다.

성경 공부는 저명한 성경 교사의 가르침을 듣는 것이 아닙니다. 나에게 성경의 위대한 진리들을 이해할 수 있도록 도와줌으로써 새로운 힘을 주는 영적 지도자들과 하나님의 일꾼들에게 나는 개인적으로 매우 감사하게 생각하고 있습니다. 그러나 그들에게서 말씀을 듣는 것과 내가 스스로 성경 공부를 하는 것은 서로 같지 않습니다. 그들의 설교는 단지 그들의 성경 공부의 하이라이트이기 때문입니다.

또한 성경 공부는 주석을 읽는 것도 아닙니다. 주석은 성경 교사들과 마찬가지로, 대부분의 사람들에게 유익하고 도움을 주지만, 주석류나 핸드북류는 개인 성경 공부 중에서 미비한 부분을 보충해 주는 정도로 사용해야지 우리 스스로의 성서 탐구를 대신하게 해서는 안 됩니다.

성경 공부를 할 때는 다음 세 가지 질문에 대한 답을 찾기 위해 주어진 구절을 기도하는 마음으로 분석합니다.

1. 이 구절의 내용은 무엇인가?
2. 이 구절의 뜻은 무엇인가?
3. 이 구절을 내 삶 가운데 어떻게 적용할 것인가?

이 세 질문은 관찰, 해석, 적용으로 요약할 수도 있습니다. 한 가지 예로서 디모데후서 3:16-17을 살펴봅시다.

이 구절은 성경은 하나님의 감동으로 되었고, 유익하며, 하나님의 사람으로 모든 선한 일을 하기에 온전케 해준다는 내용입니다. 이 말씀의 뜻은 무엇입니까? 이 질문에 답하기 위하여 나는 이렇게 자문해 보아야 합니다. "모든 성경은 하나님의 **감동으로** 되었다는 것은 무슨 뜻인가? 바울이 디모데에게 이 편지를 쓸 때에는 어떤 **교훈**을 염두에 두고 있었는가? **책망**한다는 것과 **바르게** 한다는 것은 어떤 차이가 있는가? 성경 말씀이 나를 어떻게 의로 교육시키는가?"

이 질문들에 대한 답을 찾아본 다음에는 자신에게 적용 질문을 해봅니다. "이것을 내 삶 가운데 어떻게 적용할 수 있겠는가?" 나는 성경 공부를 하고 있는가? 나는 하나님의 말씀을 정기적으로 묵상하고 있는가? 자신의 삶 가운데서 그 구절과 연관된 필요들을 발견할 때마다 개인 적용을 할 수 있는 것입니다.

자, 그러면 성경 공부를 어떻게 시작할까요? 아직 스스로 성경 공부를 해본 적이 없는 사람에게는 네비게이토 출판사에서 발행한 그리스도인의 생활 연구 시리즈 또는 그리스도의 제자가 되는 길 시리즈를 시작해 보기를 권면합니다. 이 시리즈들은 스스로 성경 공부를 하는 법을 배울 수 있도록 돕기 위하여 만들어진 성경 공부 교재입니다.

이 교재들을 통하여 성경 공부를 하는 법을 배우게 된 사람은 네비게이토 성경 공부 방법 책자를 통하여 보다 수준이 높은 성경 공부를 하는 방법을 배울 수 있습니다. 이 책에는 네비게이토 선교회에서

하고 있는 모든 성경 공부 방법이 총망라되어 있어서 개인 성경 공부의 좋은 길잡이가 되며, 나아가서는 장별, 책별, 주제별, 인물별 성경 공부의 유익을 잘 알 수 있도록 도움을 줄 것입니다.

특별히 장별 성경 공부는 널리 사용되는 성경 공부 방법입니다. 이 성경 공부를 통하여 가장 큰 유익을 얻는 데 도움이 되는 몇 가지 실제적인 기술을 소개합니다. 먼저, 공부할 책을 전체적으로 통독하십시오. 그 책을 읽으면서 저자가 그 책을 쓴 목적이 어디에 있는가를 찾으십시오. 그런 다음, 공부할 장을 여러 번 되풀이해서 읽으면서 그 장이 책 전체와 어떤 연관이 있는가를 찾으십시오.

그 다음에는, 그 장의 성경 말씀들을 한 구절 한 구절 분석할 차례입니다. 스스로 질문을 해가면서 그 구절들을 분석합니다. 무엇보다도 먼저, 내가 공부하고 있는 이 구절 안에는 명령이나 약속이나 교훈은 없는지 살펴봅니다. 나는 이 구절 안에 들어 있는 단어의 뜻을 다 알고 있는가? (모르는 것들이 있으면 사전을 찾아보아야 합니다.) 이 주제에 대한 가르침이 들어 있는 다른 구절은 무엇인가? '참조 구절' 즉 지금 공부하고 있는 주제와 연관이 있는 다른 구절도 기록하십시오. 뜻을 잘 모르는 부분에는 표시를 해두십시오.

각 구절들을 다 분석하고 문단을 다 나눈 다음, 장 전체를 다시 살펴보면서 전체 내용을 다 포함하는 짧은 요약 혹은 개요를 작성합니다. 이것은 장의 주된 요점을 분명하게 해주고, 각각의 진리들을 그 전후 문맥 가운데서 드러나게 해줍니다. 이것은 매우 중요하며, 한 구절을 그 문맥에서 떼어 내어 엉뚱한 뜻으로 이해하는 흔한 실수를 막아 줍니다.

이제 해석을 시작할 준비가 되었습니다. 스스로에게 "저자는 무엇을 말하고 있는가?"와 "이 말을 하는 속뜻은 무엇인가?"를 물어보십시오. 장에 따라 이 질문에 대한 대답이 쉬울 수도 있고 어려울 수도 있습니다. 교리적인 편견을 가지고 말씀을 대하지 않도록 주의해야 할 부분은 바로 여기입니다.

해석을 다 하고 나면 적용을 기록할 차례입니다. 적용을 "기록한다"고 말한 데는 이유가 있습니다. 이 성경 말씀을 내 삶 가운데 어떻게 적용할까를 기록해 두는 것은 큰 가치가 있다고 생각합니다. 이렇게 해두면 후에 기록된 그 적용을 실천하는 데 더 정직해질 수가 있습니다.

적용을 쓸 때, 적용과 연관하여 이 구절은 무엇을 가르치고 있는가를 적고, 그 가르침과 연관 지어 볼 때 나의 삶은 어떤 상태인가, 그러고 나서 그 구절 혹은 그 원리를 내 삶의 일부로 만들기 위하여 내가 무엇을 해야 할 것인가를 적습니다. 우리 삶 가운데 있는 어떤 죄들을 해결하는 것만이 적용의 전부는 아닙니다. 당신이 실행해야 할 어떤 진리를 발견하는 것도 적용이 될 수 있습니다. 적용은 우리가 취해야 할 행동이 될 수도 있습니다. 혹은 적용은 우리가 계발해야 할 어떤 태도가 될 수도 있습니다. 어떤 적용이든 그것을 기록하고, 우리가 하나님의 말씀을 실제로 행하고 있는가를 정기적으로 점검하고 살펴보는 것이 좋습니다.

디모데후서 3:16에서 말씀한 바와 같이 성경은 의로 교육하기에 유익합니다. 하나님의 말씀을 공부할 시간을 즐겨 마련해 둔 사람들은 말씀이야말로 "금 곧 많은 정금보다 더 사모할" 만하다는 사실을 깨닫게 될 것입니다.

베뢰아 사람은
데살로니가에 있는 사람보다
더 신사적이어서
간절한 마음으로
말씀을 받고
이것이 그러한가 하여
날마다 성경을 상고하므로.
(사도행전 17:11)

암 송

성경 암송은 당신의 삶을 변화시킨다

우리가 외모를 가꾸는 일에 얼마나 많은 시간과 생각과 돈을 들이고 있는가를 생각해 보신 적이 있습니까? 외모를 가꾸는 것은 우리가 살고 있는 이 세대에서는 하나의 일상사가 되었습니다. 예를 들어, 머리 손질만 하더라도 커트, 빗질, 솔질, 세발, 드라이, 염색, 고데, 파마, 향수 뿌리기 등이 있습니다.

가발은 매우 인기가 높아졌습니다. 가발의 역사를 살펴보면 주전 4,000년경의 고대 이집트 왕국으로까지 거슬러 올라갑니다. 그때로부터 지금에 이르기까지 가발은 그 패션을 바꾸어 가며 발달해 왔습니다. 영국 여왕 엘리자베스 1세는 가발을 80개나 가지고 있었고, 프랑스의 루이 14세에게는 가발만을 전문으로 만드는 기술자가 40명이나 있었다고 합니다. 그 당시 사회에서는 가발만을 전문으로 다루는 하인이 없으면 지도자로서 존경을 받지 못했다고 합니다. 오늘날에는 135,000가닥의 머리털로 만든 비싼 수제품 가발에서부터 값싼 기계 제품 가발에 이르기까지 각종 가발들이 판매되고 있습니다.

머리 한 가지만 해도 그렇습니다. 의복에 쏟는 시간과 돈은 또 어떻습니까? 쇼핑, 세탁, 다림질, 바느질, 수선에 많은 시간과 돈을 씁니다. 뿐만 아니라 다이어트를 한다, 옷을 고른다 하여 조금이라도 더 날씬하게 보이게 하려고 외모를 가꾸기도 합니다.

속사람도 가꿀 필요가 있지 않겠습니까? 창세기 6:5에는 인간이 어떠한가가 잘 묘사되어 있습니다. "여호와께서 사람의 죄악이 세상에 관영함과 그 마음의 생각의 모든 계획이 항상 악할 뿐임을 보시고." 우리가 자신에게 정직하다면 이 구절이 사실이라는 것을 깨닫게 될 것입니다. 우리의 속사람은 사악하고, 속이고, 근본적으로 부정직하고, 분노와 질투와 반항으로 가득 차 있습니다. 우리는 이 속사람을 감추어서 이런 성품들이 쉽게 드러나지 않도록 애를

쓰고 있습니다. 만약 속사람의 모습이 실제로 이와 같다면 그것 역시 겉사람과 마찬가지로 가꾸고 돌볼 필요가 있습니다.

아침에 일어난 후 세면도 하지 않고 옷도 갈아입지 않았다면 아마 아무 데도 나가지 않으려 할 것입니다. 다른 사람들에게 우리의 지저분한 모습을 보이고 싶지 않기 때문입니다.

속사람도 또한 타락하고 있습니다. 사실은 이미 타락해 버렸습니다. 우리가 어떻게 그런 속사람을 가꿀 수 있겠습니까? 사도 바울은 로마 교인들에게 그 방법을 이렇게 말했습니다. "너희는 이 세대를 본받지 말고 오직 마음을 새롭게 함으로 변화를 받아 하나님의 선하시고, 기뻐하시고, 온전하신 뜻이 무엇인지 분별하도록 하라"(로마서 12:2). 마음을 새롭게 한다는 것은 곧 속사람을 가꾼다는 것입니다. 필립스 역을 보면 "하나님께서 당신의 생각들을 속에서부터 새롭게 형성하시게 해드리십시오"라고 되어 있습니다.

바울은 새롭게 해야 할 어떤 것, 새롭게 형성시켜야 할 어떤 것에 대하여 이야기하고 있습니다. 겉으로가 아니라 사람의 내면 깊은 곳에서의 변화를 말합니다.

특정한 영향들이 현재의 나의 모습을 결정합니다. 타고난 것이나 어렸을 때의 환경에 대해서는 나는 아무것도 할 수 없습니다. 내게는 태어날 때부터 받아 가지고 난 능력과 한계가 있습니다. 우리는 모두 서로 다르게 태어났으며, 천부적인 능력들에는 제한이 있습니다. 어렸을 때의 환경은 여기에 또 다른 특성을 더해 주는데, 어떤 것들은 강점으로, 또 어떤 것들은 약점으로 나타나게 됩니다. 나의 성품에 영향을 미치고 있는 다른 요인들도 있습니다. 매일같이 나의 '속사람'은 내가 읽고 보고 들은 것들의 영향을 받으며 계속적으로 형성되어 가고 있습니다.

"대저 그 마음의 생각이 어떠하면 그 위인도 그러한즉…"(잠언 23:7). "무릇 지킬 만한 것보다 더욱 네 마음을 지키라. 생명의 근원이 이에서 남이니라"(잠언 4:23). 성경에 많이 나오는 마음이라는 단어는 사람의 참모습을 의미합니다. "…이는 마음에 가득한 것을 입으로 말함이라"(마태복음 12:34). 무엇이든지 우리 마음을 지배하고 있는 그것이 밖으로 표현되는 것입니다. 예를 들어, 우리가 두려워하고 있는 것들에 대하여 묵상한다면, 이것은 우리 안에서 두려움을 더할 것이요, 우리는 더 두려워질 것입니다. 정신과 의사들은 나쁜 짓을 저지르는 상상을 장기간에 걸쳐 한 사람들은 실제로 그런 종류의 사람들이 되고, 언젠가는 그런 행동으로부터 벗어나기가 어려워지게 된다고 합니다.

그렇다면 그런 일이 실제로 일어나는 것을 막기 위하여 우리 속사람을 어떻게 새롭게 하겠습니까?

첫째로, 우리의 생각하는 삶을 훈련해야 합니다.

둘째로, 우리는 마음을 하나님의 말씀으로 채워야 합니다. 하나님의 말씀은 우리가 일찍이 머릿속에 기억해 왔던 어떤 것보다도 훨씬 크고 강력하고 효과적으로 우리를 변화시키는 능력을 가지고 있습니다. "하나님의 말씀은 살았고 운동력이 있어 좌우에 날선 어떤 검보다도 예리하여, 혼과 영과 및 관절과 골수를 찔러 쪼개기까지 하며, 또 마음의 생각과 뜻을 감찰하나니"(히브리서 4:12). 하나님의 말씀은 우리의 삶을 변화시킬 수 있습니다. 그리스도인이 할 수 있는 가장 효과적인 일 중의 하나는 그의 마음을 하나님의 말씀으로 채우는 것입니다.

그리스도인은 지속적으로 성경을 읽고 공부하고 선포되는 말씀을 들을 뿐만 아니라 성경 말씀을 암송함으로써 균형 있게 하나님의 말씀을 섭취하는 일을 계발시켜 나가야 합니다.

신약성경은 두 종류의 삶에 대하여 이야기해 주고 있는데, 그 하나는 육체의 삶이요, 다른 하나는 영의 삶입니다. 우리는 매일 음식물을 섭취하여 우리의 몸에 영양분을 공급해 주어야 합니다. 우리의 영도 이와 마찬가지로 영양이 필요합니다. 우리는 주일 날 교회에 가서 일주일 동안 밀렸던 영의 양식 스물한 끼를 한꺼번에 먹을 것을 기대할 수는 없습니다. 우리는 하나님의 책을 통하여 매일같이 말씀을 '먹어야' 합니다. "지금 내가 너희를 주와 및 그 은혜의 말씀께 부탁하노니 그 말씀이 너희를 능히 든든히 세우사…"(사도행전 20:32).

영적으로 어린 그리스도인이었을 때 나는 성경 암송의 중요성을 보여 주는 경험을 한 가지 했습니다. 그리스도를 영접하기 전, 나는 아침, 점심, 저녁에 꼭 술을 마시는 습관이 있었습니다. 술에 취했어도 술

주정은 하지 않았기 때문에 사람들은 내가 끊임없이 알코올의 영향 아래 있다는 사실을 알지는 못했습니다.

그러나 잦은 과음으로 나는 정신을 깜빡 잃곤 하는 일들이 생기기 시작했습니다. 내가 어디에 있었는지, 무슨 일을 했는지를 기억할 수 없는 적도 있었습니다.

나를 그리스도께로 인도했던 형제는 내게 네비게이토에서 나온 소책자 그리스도와의 새출발을 주었습니다. 그 책에는 갓 그리스도를 믿은 사람에게 필요한 충고와 암송할 성경 구절들이 들어 있었습니다. 그는 또한 내게 성경 공부 교재도 한 권 주면서, "제1과를 준비해 가지고 다음 주에 만나 함께 이야기해 보자"고 했습니다.

마음속에는 술을 마시고 싶은 욕망이 끊임없이 일어났지만, 나는 그 형제에게 내 술 버릇에 대하여 이야기하기가 싫었습니다. 나는 술을 끊지 못한 괴로움으로 수많은 밤을 침대에 누워 울었습니다.

술집에 가려고 했던 어느 날 밤의 일을 나는 기억하고 있습니다. 나는 다른 사람들의 눈에 띄지 않게

가만히 술집에 들어가려고 인적이 없을 때를 기다렸습니다. 바텐더가 내게 술을 한 잔 따랐을 때, 나는 그 앞에 앉아 그 잔을 바라보고만 있었습니다. 나는 그 술이 미웠고, 나 자신이 미웠고, 그 술집에 있는 사람들이 다 미웠습니다. 나는 그 순간 술집을 뛰쳐나와서 길거리를 걷기 시작했습니다. 곧 썰렁하고 외로운 내 방이 생각났고 내 발길은 다시 그 술집으로 향했습니다.

나는 성경 암송을 시작한 후에도 이런 쓰디쓴 경험을 되풀이했습니다. 그러나 점차 하루 종일 술을 마시지 않고 지낼 수 있는 날이 생겨나기 시작했습니다. 이틀 동안이나 술을 마시지 않고 지낼 수 있는 날도 있었습니다. 계속해서 말씀을 암송하고 성경 공부를 해나감에 따라 승리하는 날이 많아졌습니다. 그러던 어느 날 생각해 보니 2주일 이상이나 술을 마시지 않고 지냈습니다. 주님께서는 나에게 승리를 주셨습니다.

성경 암송과 성경 공부를 통하여 내 속사람은 점점 강하게 되었고 새롭게 만들어져 갔습니다. 이 일은 나를 사로잡고 있던 나쁜 습관을 깨뜨리고 속사람을 변화시키는 하나님의 말씀의 능력에 대한 잊을 수 없는 인상을 내 마음속에 남겨 놓았습니다.

사도 바울은 이렇게 말해 주고 있습니다. "모든 이론을 파하며 하나님 아는 것을 대적하여 높아진 것을 다 파하고 모든 생각을 사로잡아 그리스도에게 복종케 하니"(고린도후서 10:5).

사도 베드로는 이렇게 말했습니다. "사랑하는 자들아, 나그네와 행인 같은 너희를 권하노니 영혼을 거스려 싸우는 육체의 정욕을 제어하라"(베드로전서 2:11). 당신은 영화나 TV에서 전쟁으로 초토화되어 버린 장면을 본 적이 있습니까? 베드로는 당신이 자신을 정욕과 악한 생각에 빠지도록 방치해 두면 당신의 속사람에게 바로 그와 같은 일이 일어난다고 말하고 있습니다.

성경 암송은 우리 자신이 영적으로 성장하는 데 도움이 될 뿐만 아니라, 다른 사람을 돕는 일에도 유용합니다. 사람들은 우리의 철학이나 우리의 설명 때문에 예수 그리스도를 영접하는 것이 아니라, 우리가 보여 주는 성경 말씀을 인하여 복음을 깨닫고 주님을 영접하게 되는 것입니다. 우리가 다른 그리스도인들을 상담하여 그들의 문제에 도움을 줄 수 있는 것도 바로 적절한 성경 말씀을 알고 보여 주기 때문입니다. 그렇게 하면 그들은 그 말씀을 자신들의 삶 가운데 적용할 수 있게 됩니다.

네비게이토의 주제별 성경 암송 과정은 그리스도인의 일상생활에 필요한 기본적인 성경 말씀들을 주제별로 정리해 둔 체계적인 성경 암송 과정입니다. **주제별 성경 암송 안내서(네비게이토 소책자 25-27번)**에는 암송 방법과 정기적인 암송 계획이 잘 소개되어 있습니다. 나는 이것이 쉬운 것이라고 생각하지는 않습니다. 그러나 이것은 그리스도인이 형성할 수 있는 가장 귀한 습관의 하나입니다.

묵상

성서적인 묵상을 위한
실제적인 방법

말씀을 부지런히, 그리고 꾸준히 묵상하라는 명령을 지키기가 너무 어렵다고 변명을 할 수도 있는 환경 가운데 살았던 사람이 있다면 바로 여호수아일 것입니다. 그가 맡은 책임들은 10명이 바삐 뛰어야 감당할 수 있을 정도로 많았습니다. 모세가 죽고 난 후 그는 이스라엘 민족을 이끌 지도자로 임명받았습니다.

여호수아가 이처럼 중한 책임을 맡았는데도 하나님께서는 그에게 이렇게 말씀하셨습니다. "이 율법책을 네 입에서 떠나지 말게 하며 주야로 그것을 묵상하여 그 가운데 기록한 대로 다 지켜 행하라. 그리하면 네 길이 평탄하게 될 것이라. 네가 형통하리라"(여호수아 1:8).

지도자를 위한 지침, 싸움터에서 군대를 지휘하는 요령, 그리고 훌륭한 행정가가 되는 방법에 관한 정보가 이 한 권의 성경에서 나오는 것이었습니다. 역사상 처음으로 하나님께서는 한 사람에게 그 책에 기록된 말씀에 따라 행동하라고 지시하셨습니다.

나는 워싱턴 D.C.에 있는 어느 유명한 상원의원의 책상 위에 이 말씀을 기록한 패가 놓여 있는 것을 본 적이 있습니다. 그는 많은 사람들이 인생에서 성공하기 위한 갖가지 생각들을 가지고 있지만, 자기는 하나님께서 그 종 여호수아에게 주신 이 충고의 말씀을 따르기로 결심했었노라고 말했습니다.

그러나 우리가 하나님의 말씀을 묵상하는 법을 배우는 것은 단지 형통하기 위해서만은 아닙니다. 하나님의 말씀을 섭취하는 네 가지의 기본적인 방법은 듣기, 읽기, 공부, 암송입니다. 그러나 이 방법들이 묵상과 연결되지 않으면 하나님의 말씀을 견고하게 붙잡을 수가 없습니다. 우리는 말씀을 읽지만 잘 잊어버립니다. 성경 공부를 하지만 그 뜻을 오해할 수도 있습니다. 성경 말씀을 암송할 수도 있지만 그것을 잘못 적용할 가능성도 없지 않습니다. 우리가 서로 다른 이 네 가지의 방법을 사용하여 섭취한 말씀을 묵상할 때 비로소 말씀을 올바로 소화하고 적용할 수 있게 되는 것입니다.

네비게이토 출판사에서 발행한 경건의 시간이라는 책자는 묵상 방법을 이해하는 데 많은 도움을 줍니다.

묵상은 씹는 것입니다. 이것은 마치 소가 되새김질을 하는 것과 같습니다. 일단 삼켜서 뱃속에 저장해 두었던 식물을 조금씩 토해 내어 그것을 다시 잘 씹어서 소화가 되도록 만드는 과정인 것입니다. 묵상은 여러 가지 생각들을 머리와 마음 가운데서 잘 갈고 되새기고 살펴보는 것입니다. 이것은 영의 양식을 소화하는 과정입니다. 우리는 이것을 '생각의 소화'라고 부를 수 있을 것입니다.

묵상은 분석입니다. 꾸준히, 그리고 지속적으로 숙고할 때, 우리는 다른 방법으로는 결코 볼 수 없었던 무한한 아름다움을 성경에서 볼 수 있게 되는 것입니다.

묵상은 활동입니다. 누군가가 "묵상은 단어들을

생각으로 만들고, 생각을 행동으로 만드는 것이다"라고 말했습니다.

많은 사람들이 묵상에 대하여 잘못된 생각을 가지고 있습니다. 묵상은 모호하고 신비스러운 어떤 과정이 아닙니다. 묵상을 하고 싶다고 해서 아시아의 한구석에서 힌두교의 구도자를 찾을 필요가 없습니다. 묵상에 필요한 것은 성경이 전부입니다.

우리는 왜 성경 말씀을 묵상해야 합니까? 성경에는 하나님이 누구신가에 대한 신령한 계시가 들어 있기 때문입니다. 성경에 들어 있는 메시지를 모르고서는 아무도 하나님을 알 수 없습니다. "믿음이 없이는 기쁘시게 못하나니, 하나님께 나아가는 자는 반드시 그가 계신 것과 또한 그가 자기를 찾는 자들에게 상 주시는 이심을 믿어야 할지니라"(히브리서 11:6). 로마서 10:17은 "그러므로 믿음은 들음에서 나며, 들음은 그리스도의 말씀으로 말미암았느니라"고 말하고 있습니다.

성경의 모든 말씀은 하나님으로부터 온 신령한 계시입니다. "먼저 알 것은 경의 모든 예언은 사사로이 풀 것이 아니니, 예언은 언제든지 사람의 뜻으로

낸 것이 아니요, 오직 성령의 감동하심을 입은 사람들이 하나님께 받아 말한 것임이니라"(베드로후서 1:20-21).

하나님께서는 여호수아에게 하나님의 말씀을 밤낮으로 묵상하라는 명령을 주시기 전에 먼저 모세에게 그 말씀들을 기록하도록 명령하셨습니다. "이것을 책에 기록하여 기념하게 하고 여호수아의 귀에 외워 들리라…"(출애굽기 17:14). 우리도 여호수아와 마찬가지로 하나님의 말씀을 묵상함으로써 하나님과의 교제를 깊이 할 수 있습니다. 우리가 그렇게 할 때 예수 그리스도가 성경의 위대한 주제임을 알게 될 것입니다.

하나님의 말씀을 묵상할 때에는 반드시 따라야 할 세 단계가 있습니다. 첫째로, 시편 119:18 말씀으로 기도하십시오. "내 눈을 열어서 주의 법의 기이한 것을 보게 하소서." 성경 읽기, 공부, 묵상을 시작하기 전에 눈을 열어 주셔서 이해를 할 수 있게 해주시기를 기도해야 합니다.

그런 다음, 기대하는 마음으로 기다리십시오. 하나님은 서두르지 않으십니다. 하나님의 말씀 가운데

들어 있는 진리들에 생각을 몰두하는 데는 시간이 걸립니다. "나의 영혼아, 잠잠히 하나님만 바라라. 대저 나의 소망이 저로 좇아 나는도다"(시편 62:5).

마지막으로, 주의를 기울이십시오. 성경을 열었을 때는 곧바로 주의를 집중해야 합니다. 효과적인 묵상을 위해서는 깨어서 생각을 모아야 합니다.

규칙적인 묵상은 하나님의 말씀을 우리 삶 가운데로 받아들이고 소화시키기 위한 가장 좋은 방법입니다. 육체의 영역에 있어서 몸에 가장 좋은 것은 단지 먹은 것이 아니라 잘 소화시킨 것입니다. 중요한 것은 섭취하는 것뿐만 아니라 섭취한 그것을 소화시키는 과정입니다. 하나님의 말씀도 마찬가지입니다. 하나님의 말씀이 영적인 혈액 속으로 흘러 들어와 우리의 영에 가장 큰 유익을 줄 수 있도록 하려면 하나님의 말씀을 섭취할 뿐만 아니라 그것을 소화시켜야 하는 것입니다.

묵상은 하나님의 말씀을 소화하여 삶 가운데 그 영양을 공급하는 기본적인 방법입니다. 우리도 시편 기자처럼 하나님의 말씀을 시시때때로 묵상하는 것을 즐깁시다.

"찬송을 받으실 여호와여, 주의 율례를 내게 가르치소서. 주의 입의 모든 규례를 나의 입술로 선포하였으며, 내가 모든 재물을 즐거워함같이 주의 증거의 도를 즐거워하였나이다. 내가 주의 법도를 묵상하며, 주의 도에 주의하며, 주의 율례를 즐거워하며, 주의 말씀을 잊지 아니하리이다."

시편 119:12-16

적용

**개인 적용 및
그룹 토의를 위한 질문**

1. 당신은 성경 말씀을 섭취하기 위하여 일주일의 168시간을 어떻게 사용하고 있습니까?
   다음 도표를 작성하여 서로 나누고 다른 사람들의 평가와 조언을 받으십시오.

방 법	현 재	새 목표와 계획
듣 기		
읽 기		
공 부		
암 송		

2. 다음 질문들을 참고로 하여 시편 1편을 묵상하고 함께 나누십시오.

- 그리스도인은 어째서 나무와 같은가?

- 습관과 안정성과 미래에 대하여 경건한 자와 경건치 못한 자 사이에는 어떤 차이가 있는가?

- 이 시편에서, 나와 하나님과의 관계에 도움을 주는 새로운 생각은 무엇인가?

✻ 네비게이토 소책자 시리즈 ✻

1. 성경암송을 통하여 주님께로 돌아오다	도슨 트로트맨
2. 시대의 요청	도슨 트로트맨
3. 재생산을 위한 출생	도슨 트로트맨
4. 수레바퀴 예화	네비게이토
5. 일대일 사역	잭 그리핀
6. 제자의 특징	론 쎄니
7. 하나님의 뜻을 아는 법	러쓰 존스톤
8. 기도의 하루를 보내는 방법	론 쎄니
9. 기도 응답을 받는 방법	제리 브릿지즈
10. 경건한 여인	라일라 스팍스
11. 전도를 즐기는 삶 (영문판: A Life That Enjoys Evangelism)	하진승
12. 섬김을 위한 부르심	레이 호
13. 정 직	헬렌 애쉬커
14. 그리스도를 닮아감	짐 화이트
15. 최후의 승리를 얻기까지	월터 헨릭슨
16. 전도의 열정	로버트 콜만
17. 영적인 의지력	제리 브릿지즈
18. 사고방식의 변화	조지 산체스
19. 대인 관계의 성서적 지침	조지 산체스
20. 말씀의 손 예화	네비게이토
21. 열 심 (영문판: ZEAL)	하진승
22. 원만한 결혼 생활	잭 & 캐롤 메이홀
23. 조지 뮬러	A. 심즈
24. 말씀 중심의 삶	하진승
25. 주제별 성경 암송 제1권	네비게이토
26. 주제별 성경 암송 제2권	네비게이토
27. 주제별 성경 암송 제3권	네비게이토
28. 서로 돌아보아	하진승
29. 양 육	네비게이토
30. 경건이란 무엇인가	제리 브릿지즈
31. 권위와 복종	론 쎄니
32. 고난 중 도우시는 하나님	샌디 에드먼슨
33. 기도의 특권을 누리자	하진승
34. 은혜로운 말	캐롤 메이홀
35. 하나님을 의뢰함	제리 브릿지즈
36. 친밀한 부부 관계의 원리	짐 & 제리 화이트
37. 배우는 자로 살자 (영문판: Live as a Learner)	하진승
38. 합력하여 선을 이루시는 하나님	리처드 크렌즈
39. 고난 중의 소망	덕 스팍스
40. 청년의 시기를 어떻게 보낼 것인가 (영문판: How to Live Out Our Youth)	하진승

✷ 네비게이토 소책자 시리즈 ✷

41. 약속을 주장하는 삶 ··············· 덕 스팍스
42. 경건의 시간을 갖는 법 ··········· 워렌 & 룻 마이어즈
43. 개인의 중요성 ···················· 론 쎄니
44. 헌신 ···························· 로버트 보드만
45. 내가 배운 교훈들 ················· 오스왈드 샌더스

46. 하나님의 말씀은 ·················· 하진승
47. 현숙한 여인 ······················ 신시아 힐드
48. 어떻게 친구를 사귈 것인가 ········ 제리 & 메리 화이트
49. 외로움을 느낄 때 ················· 엘리자베스 엘리엇
50. 하나님께서는 당신의 직업을 귀히 여기신다 ········· 서먼 & 헨드릭스

51. 자녀의 자부심을 키워 주는 법 ····· 게리 스몰리 & 존 트렌트
52. 직장 생활에서 낙심될 때 ·········· 덕 셔먼
53. 스트레스를 다루는 법 ············· 단 워릭
54. 서로 의견이 엇갈릴 때 ············ 잭 & 캐롤 메이홀
55. 그리스도인의 삶의 올바른 동기 ···· 하진승

56. 나를 기뻐하시며 사랑하시는 하나님 ······· 룻 마이어즈
57. 제자삼는 삶의 동기력 ············· 짐 화이트
58. 기도 - 보이지 않는 적과의 싸움 ··· 제리 브릿지스
59. 효과적인 간증 ···················· 데이브 도슨
60. 감격하며 살아야 할 그리스도인 ···· 하진승

61. 믿음의 경주 ······················ 잭슨 양
62. 사도 바울의 영적 지도력 ·········· 오스왈드 샌더스
63. CARE (서로 보살피는 부부) ······· 하진승
64. 참 특이한 기도 (PPP : Pretty Peculiar Prayers) ····· 하진승
65. 모세의 순종 ······················ 윙킴톡

66. 상급으로 주신 자녀 ··············· 하진승
67. 하나님께서 쓰시는 사람 ··········· 월터 헨릭슨
68. 기도의 본 ······················· 워렌 & 룻 마이어즈
69. 다윗의 한 가지 소원 ·············· 조이스 터너
70. 생명을 구하는 삶 ················· 피터슨 & 드렐켈드

71. 순종의 축복 ······················ 마르다 대처
72. 참 좋으신 하나님 아버지 ·········· 리로이 아임스
73. 하늘에 보물을 쌓는 삶 ············ 잭 메이홀
74. 거룩 : 하나님께 성별된 삶 ········ 헬렌 애쉬커
75. 가정의 중요성 (영문판 : Importance of Home & Family) ····· 하진승

76. 날마다 제 십자가를 지고 (영문판 : Taking Up the Cross Daily) ····· 하진승
77. 제자의 올바른 태도 ··············· 론 쎄니
78. 주님의 부르심을 따라가는 삶 ······ 하진승
79. 견고하게 평생 지속해야 할 일 ····· 하진승

말씀의 손 예화

1986년 12월 30일 초판 1쇄 발행
2009년 3월 25일 개정 1쇄 발행
2024년 5월 1일 개정 12쇄 발행

펴낸곳: 네비게이토 출판사 ©
주소: 03784 서울시 서대문구 연희로 16 (창천동)
전화: 02) 334-3305(대표), 334-3037(주문), FAX: 334-3119
홈페이지: http://navpress.co.kr
출판등록: 1973년 3월 12일 제10-111호
ISBN 978-89-375-0340-5 02230

본 출판사의 서면 허락 없이는 본서의 전부 또는
일부의 무단 복제, 또는 원문에 대한 무단 번역을 금합니다.